N° 23

Action Populaire

SÉRIE SOCIALE

ALOYS STAUDER

SOUS LA " DICTATURE PROLÉTARIENNE "

L'Expérience Bolcheviste

en Hongrie

(21 MARS — 1ᵉʳ AOUT 1919)

LA BROCHURE : 0 FR. 60

ACTION POPULAIRE	MAISON BLEUE	BUREAUX des ÉTUDES
51, rue Saint-Didier	Rue des Petits-Pères	5, Place St-Franç.-Xavier
PARIS (16ᵉ)	PARIS (2ᵉ)	PARIS (7ᵉ)

Brochures Jaunes
de l' « Action Populaire »

Prix établis à raison de 0 fr. 10 les 4 pages :

16 pages, l'unité 0 fr. 40 ; — 20 p. : 0 fr. 50 ; 24 p. : 0 fr. 60 ; — 32 p. : 0 fr. 80 ; — 40 p. : 1 fr. ; - 48 p. : 1 fr. 20 ; — 56 p. : 1 fr. 40 ; — 64 p. : 1 fr. 60... franco.

Série Sociale — Brochures déjà parues :

1. — A. P. — *L'Action Populaire. Son histoire* . . . 16 pages.
2. — H. DU PASSAGE. — *Les tendances et les variations du Syndicalisme révolutionnaire* . . . . . 24 —
3. — H. DU PASSAGE. — *La Révolution économique et la transformation sociale* . . . . 24 —
4. — H. DU PASSAGE. — *L'avenir du Syndicalisme* . . 24 —
5. — A. P. — *Conseils à nos Cercles d'études.* . . 20 —
6. — L. BARDE. — *Vers le Socialisme agraire* . . 48 —
7. — Mlle CARSIGNOL. — *La formation sociale des jeunes filles* . . . . . 16 —
8. — A. P. — *Petite histoire des travailleurs.* . . 20 —
9. — A. P. — *Les Offices centraux au service des œuvres* . . . . . . 32 —
10. — A. P. — *L'A. B. C. de la petite épargne.* . . 22 —
11. — A. P. — *La Caisse autonome des mineurs* . . 20 —
12. — A. P. — *Les Actions de travail.* . . . . 16 —
13. — R. SCHUMAN. — *La tâche sociale des Syndicats patronaux* . . . . . 16 —
14. — J. BERTELOOT. — *Instituts professionnels et Collèges indépendants* . . . . . 24 —
15. — P. COULET. — *L'Église et le Problème social* . . 24 —
16. — P. COULET. — *La Doctrine catholique du Travail salarié* . . . . . 32 —
17. — P. COULET. — *La Doctrine catholique du Capital* 32 —
18. — P. COULET. — *La Doctrine catholique de la Paix sociale.* . . . . . 32 —
19. — Fédér. des U. S. F. — *La Fédération française des Unions des Syndicats féminins.* . . . . 16 —
20. — P. SÉJALON. — *Apprentissage et éducation.* . . 20 —
21. — A. P. — *La loi sur la journée de huit heures* . 8 —
22. — P. DURAND. — *Petit guide pratique des Habitations à bon marché* . . . . . 32 —
23. — A. STAUDER. — *L'Expérience bolcheviste en Hongrie* . . . . . 16 —
24. — J. ZAMAUSKI. — *La participation des salariés à la gestion et aux bénéfices de l'entreprise* . . 16 —
25. — L. ROURE. — *Atonie et Alcoolisme.* . . . 16 —
26. — Alb. VALENSIN. — *Le principe d'autorité et les exigences sociales du temps présent* . . . . 24 —

Série morale et religieuse

501. — L. DE GRANDMAISON. — *La Théosophie* . . . 36 —
502. — L. DE LORME. — *L'Apostolat à la Caserne* . . 32 —
503. — L. DE LORME. — *Le bon exemple à la Chambrée.* 32 —
504. — J. RULLIER. — *L'idée de Patrie.* . . . . 24 —
505. — Capitaine M. — *La Crise de l'Autorité et l'Armée future.* . . . . 32 —
506. — H. AUFFROY. — *Le Célibat des Prêtres* . . . 32 —

Avant la guerre, l'A. P. publiait, chaque mois, les organes suivants : — une publication populaire : **Peuple de France** (mens. 16 pp.); — une revue trimensuelle, sous trois titres : **Revue de l'Action Populaire, Courrier des Cercles d'Etude, Vie Syndicale** (36 pp.); — une grande revue internationale : **Le Mouvement social** (112 pp.). L'A. P. leur substitue, pour l'instant une revue nouvelle :

Les DOSSIERS

de l'ACTION POPULAIRE

Organe bi-mensuel d'action sociale et religieuse

Fond et forme, méthode et esprit, les « *Dossiers* » continuent fidèlement les organes qu'ils remplacent, ils ne sont pas une revue documentaire, mais une publication *immédiatement orientée vers l'action.*

Leur originalité tient en ce que tous leurs articles, communications, chroniques, documents, plans, etc., sont livrés sur *feuilles séparées*, ce qui permet à l'abonné de disposer méthodiquement tous ces matériaux dans un « *Dossier-classeur* ».

Cette présentation nouvelle ménage à nos amis un très appréciable avantage : celui de leur mettre en main un véritable *instrument de travail,*

plus *maniable* qu'une *revue ordinaire,*

plus *actuel* et plus *vivant* qu'un *livre,*

aussi *complet* qu'une *encyclopédie.*

La collection des « *Dossiers* », c'est un *Secrétariat social à domicile.*

ABONNEMENT :

France, un an : **12 fr.** Union postale, **14 fr.**
Dossier-classeur : **2 fr.** en sus.

L'abonnement part du commencement de chaque trimestre. Adresser les commandes et valeurs à *M. l'Administrateur de l'A. P.* 51, *rue Saint-Didier, Paris* (16e).

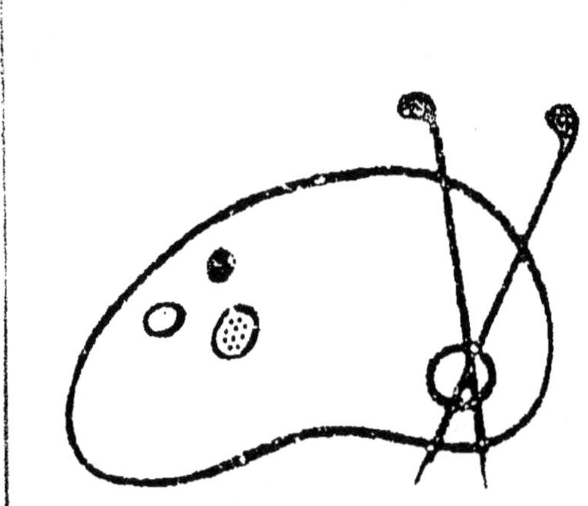

Fin d'une série de documents
en couleur

L'EXPÉRIENCE BOLCHEVISTE
EN HONGRIE[1]

(21 mars — 1er août 1919)

La Révolution hongroise n'était pas encore terminée quand le rédacteur d'un journal allemand, M. Eisele, se risqua en Hongrie pour se faire sur place une idée exacte des événements. De ce qu'il a vu, de ce qu'il a entendu dire par des témoins immédiats, il a fait un petit livre de cent trente pages qui donne les premières nouvelles précises des événements dont nous n'avons eu que de vagues échos. Le livre est un amas de détails, de traits entassés pêle-mêle. Nous allons essayer d'extraire les plus intéressants d'entre ces faits.

Un court préambule sur les tendances qui ont donné naissance au mouvement bolcheviste, et sur les meneurs qui l'ont importé de Russie, nous mènera à l'étude du bolchevisme lui-même avec son œuvre : œuvre de destruction d'abord, ensuite essai de reconstruction, de réalisation du rêve communiste. Nous laisserons de côté toute considération théorique ; les faits parlent assez éloquemment.

Et d'abord voici que se présentent les fourriers du bolche-visme.

---

[1] D'après le livre récent, *Bilder aus dem kommunistischen Ungarn* von Dr Hans Eisele. Tyrolia (Innsbruck), 1920.

Les fourriers du bolchevisme. Dans plus d'un État, le socialisme d'aujourd'hui n'avoue que difficilement son enfant, le communisme ou bolchevisme (du russe, Bolsché, plus grand ; d'où aussi : maximalisme). En Hongrie, toutefois, la paternité s'est trahie. Non seulement le socialisme a préparé les voies au bolchevisme, mais ce sont les socialistes, unis aux bolchevistes, qui, le 21 mars 1919, ont forcé le président Karoly à renverser le Parlement Berinsky ; ce sont eux encore qui, le 22 mars, ont publié dans leur organe officiel, le *Nepseva*, la déclaration par laquelle le prolétariat hongrois notifiait sa prise de possession du pouvoir ; le premier président des soviets fut le socialiste Garbay, qui, il est vrai, dut céder la place, quelques jours après, à Bela-Kun. Les bolchevistes surent gré aux socialistes de leurs bons offices et le leur témoignèrent durant les cent trente-deux jours de leur régime. S'ils en ont enfermé quelques-uns, c'est qu'ils craignaient leur rivalité. Cela, d'ailleurs, ne les empêchait pas de recourir souvent aux conseils de leurs prisonniers.

Que tous les meneurs socialistes hongrois fissent partie des loges maçonniques, le fait est avéré. Et le fait n'est point dû au hasard, la franc-maçonnerie a donc encore une fois montré ce qu'il faut penser de ses tendances humanitaires.

Enfin, tous les meneurs bolchevistes, tous les employés du nouvel État, depuis Bela-Kun jusqu'à l'occupant du dernier petit poste lucratif, étaient des juifs. D'autres exemples encore établiront, au cours de cet article, à quel point il est vrai de dire que le mouvement bolcheviste était un mouvement juif ne tendant à rien moins qu'à la reconstruction d'une nouvelle Judée entre le Danube et la Theiss.

Les meneurs. Un mot maintenant des chefs parmi ces meneurs : Bela-Kun et Szamuely (Samuel). Sur le premier, un de ses adeptes, G. Nanassy, raconte dans une brochure les détails suivants. Déserteur de l'armée autrichienne (comme presque tous ses collègues), Bela-Kun avait entrepris en Russie l'organisation du bolchevisme parmi les prisonniers austro-hongrois, et attira ainsi la bienveillante attention de Lenine. Le 5 novembre 1919, celui-ci le renvoya avec plusieurs autres,

dont Nanassy lui-même, muni de 150.000 roubles en valeurs,
10.000 roubles en or, 90.000 marks et 120.000 couronnes, dans
sa patrie pour y propager ses idées. A Kurlzk, ils voulurent
s'imposer au commandant de la Croix-Rouge austro-hongroise,
le lieutenant-colonel Bela-Paulik, et le forcer à leur procurer de
faux papiers. Ils n'eurent pas besoin de recourir à la violence ;
le commandant, favorable aux idées bolchevistes, leur donna
volontiers les papiers désirés, sur lesquels Kun fut porté
comme médecin-major de régiment, et tous ses hommes comme
officiers et ordonnances d'officiers. Dès lors tous vécurent sans
encombre. Kun acheta le *Vorog-Ujsay* (journal rouge) et
dépensa des sommes considérables pour la propagande. La
mission de la Croix-Rouge russe de Buda-Pest était le canal
par lequel lui arrivaient sans cesse de nouveaux subsides.
Partout, il tint des réunions, créa des organisations, suscita
des manifestations, et, chose étonnante, le comte Karoly, averti
dès le début par la police, le laissa faire. Kun était donc tout
à fait à l'aise ; il créa, en plein Buda-Pest, une garde rouge, en
groupant deux cents déserteurs auxquels il donna, outre l'ha-
billement et la nourriture, 30 couronnes par jour. Il acheta
pour 200.000 couronnes un matériel de guerre de l'armée Mac-
kensen. Dès lors, il résolut d'organiser une irruption dans les
banques. Mais, à ce moment, Karoly le fit arrêter. Le 21 mars,
son parti arriva au pouvoir et bientôt Kun quitta la prison
pour se mettre à la tête du nouveau gouvernement.

Quant à Szamuely, autrefois journaliste, que sa mauvaise
réputation, à la suite de plusieurs affaires compromettantes,
avait rendu impossible même pour les socialistes, il s'était
associé à Kun en Russie. Il avait déserté dans la première
demi-heure de son arrivée au front et gagna l'estime de Lenine
par le talent avec lequel il organisa la garde rouge à Moscou.
Revenu à Buda-Pest, il réussit comme orateur populaire et
directeur des soviets. Kun lui confia le commandement général des troupes de l'intérieur, et lui donna carte blanche pour
réprimer toute tentative de contre-révolution. Nous verrons
tout à l'heure comment Szamuely entendait sa besogne ; con-
tentons-nous de signaler ici le manifeste qu'il lança, au début
de la révolution, à ses coreligionnaires juifs.

Peuple d'Israël, avec l'aide de notre allié, nous avons amené la révolution. Si maintenant nous ne nous considérons pas comme juifs hongrois, mais si, avec la ténacité propre à notre race, nous nous établissons dans les positions conquises, qu'on attaquera en vain, nous pourrons reconstruire la Judée. Efforcez-vous de mettre tous les emplois entre les mains de nos coreligionnaires. Ne magyarisez plus vos noms. Malheur à celui qui se fera baptiser ! Jéhovah est avec nous ! Notre exil millénaire prend fin. Nous aurons une nouvelle patrie entre la Theiss et le Danube. Szamuely est avec vous !

Voilà qui nous permet de nous faire une idée des tendances et des hommes qui ont créé le mouvement. Passons à leur œuvre.

L'œuvre de destruction. Les bolchevistes commencèrent par abolir, théoriquement et pratiquement, toute propriété, tout droit et toute loi. Le concept même de propriété semblait tout d'un coup disparu, en ce qui concerne la bourgeoisie, bien entendu ; car, pour les prolétaires, ce fut l'inverse ; quant aux meneurs, le principe fut, en leur faveur, rendu plus strict que jamais. On organisa les réquisitions, une pour chaque espèce de biens : linge, œuvres d'art, meubles, livres, tout ce qui avait quelque valeur disparaissait entre les mains des chefs et de leurs employés. Le reste était entassé dans les dépôts. Ainsi furent pillés et dévastés les hôtels de la noblesse hongroise et les maisons de la bourgeoisie. D'ailleurs, nulle part on n'était moins en sûreté que chez soi. Beaucoup de gens quittaient leur domicile pour mettre leur vie à l'abri, et campaient de préférence dans les rames de wagons stationnés dans les gares. Chaque maison était placée sous la dépendance d'un administrateur politique, qui décidait si les habitants pouvaient y rester. C'est à lui que, le soir, les vagabonds et les bohémiens s'adressaient ; il leur assignait alors un logis dans les plus riches maisons. Les habitants étaient forcés de partager avec ces hôtes le couvert et le gîte. Défense sévère fut faite de garder dans une maison aucune arme, aucune image religieuse, aucun drapeau national. De nombreuses perquisitions assuraient les gouvernants de l'exécution de leurs ordres.

Cependant les meneurs avaient leur manière propre d'entendre le communisme. Les sommes trouvées sur eux au moment de la dispersion suffiront pour nous en donner une

idée. Hevesi, chef des perquisitions, voyant que le régime bolcheviste jouait ses dernières cartes, et qu'il ne pouvait emporter tout son butin, fit de larges distributions aux membres de
sa famille et à ses amis, se réservant seulement 14 millions en
valeurs et en or. Szamuely, se voyant atteint dans sa fuite, se
tua d'un coup de revolver ; on trouva sur lui 130.000 couronnes
ancien argent, trois billets de 50 dollars, treize billets anglais,
300 pièces d'or suisses. C'était ce qu'il avait pu emporter dans
sa fuite. On découvrit après coup la cachette à laquelle il avait
confié, en prévision de jours meilleurs, sept caisses d'or et
d'argent et quatre grands ballots de tapis de Perse. Inutile de
continuer l'énumération. Jusqu'ici on a établi que plus de
3 milliards de valeurs et d'argent ont disparu entre les mains
des meneurs et ont été mis en sûreté à l'étranger. Pendant ce
temps-là, les ouvriers attendaient en vain leur part. Tandis
qu'ils mouraient de faim, on a trouvé, chez ceux dont ils étaient
les dupes, d'énormes provisions des comestibles les plus rares.

Les dénonciations et les exécutions. Avec le droit de propriété, semblaient disparus les droits les plus essentiels de l'homme.
On imagine ce que devenait la justice entre
les mains de ces scélérats. La plupart des exécutions furent
faites sans aucune espèce de jugement, sur la simple dénonciation des nombreux délateurs. Cet emploi était confié à des
gamins juifs qui se mêlaient à la foule pour surprendre dans
les paroles et les gestes le moindre signe de mécontentement.
Une critique sur la lenteur des tramways ou l'irrégularité des
trains suffisait pour mériter la mort. La garde rouge, qui faisait la police, tirait sur la foule au moindre prétexte. S'il y
avait des juges, ce n'était que pour la forme. Ainsi l'ancien
vernisseur de carrosses Goedoeloe, qui avait rempli les fonctions de juge sous le régime bolcheviste, arrêté après le rétablissement de l'ordre et interrogé sur le nombre d'hommes
qu'il avait mis à mort, répondit, en pleurant, qu'il n'avait tué
personne : « Je n'ai fait que signer les condamnations. »
Un trait seulement comme exemple. Au lendemain de la
Révolution, on pouvait voir une femme en larmes parcourir
les rues de Buda-Pest à la recherche de son fils. Tout le monde
savait ce qu'il était devenu ; mais personne n'osa donner à la

mère la triste nouvelle. Le fils qu'elle cherchait, un jeune officier de hussards nommé Dobsa, se promenait, quelques semaines auparavant, avec son père le long des quais du Danube, quand il fut arrêté par les soldats de la garde rouge et sommé de justifier de son identité. Le jeune homme avait perdu son portefeuille avec sa carte. Malgré ses protestations, il fut arrêté et conduit devant le commissaire politique Gabriel Schœn. Celui-ci, exaspéré par l'attitude ferme de l'officier, l'envoya au préfet de police Joseph Cserny, lui signifiant par téléphone d'avoir à le faire disparaître. Le malheureux fut conduit dans une cave où ses bourreaux, après l'avoir maltraité, le tuèrent. Le corps fut jeté dans le Danube. Quand, le lendemain, la mère vint réclamer son fils, on n'osa avouer le crime et on l'envoya de bureau en bureau pendant les semaines que dura encore le régime. Ce n'est là qu'un trait entre mille. Le nouveau gouvernement avait d'ailleurs, dès le début, aboli toutes les Facultés de droit, sous prétexte qu'en régime prolétaire on n'avait que faire de ces simagrées.

« Quand il s'agit de nos principes, quelques centaines de cadavres équivalent à zéro », disait le commissaire bolcheviste Philippe Weiss. C'était, en effet, la ligne de conduite de tous les meneurs. Des massacres continuels avaient un double but : se débarrasser des gens dont on redoutait une réaction et terroriser le peuple. Le *Agramer Tageblatt* raconta, après la révolution, qu'on était habitué à entendre passer, la nuit, les camions automobiles chargés de victimes : on les conduisait sur le pont du Danube où on les jetait dans le fleuve après les avoir tuées. Beaucoup des cadavres retrouvés dans la suite étaient mutilés et portaient les traces de toutes sortes de violences. Donner des ordres ne suffit pas aux meneurs : ils mirent eux-mêmes la main à la besogne. Ainsi Kohn-Kerekes avoua avoir abattu lui-même, en différentes villes, une trentaine d'hommes. Le plus terrible de tous était Szamuely. A Szolnok, il fit tuer de différentes façons quatre-vingt-sept personnes, parmi lesquelles dix-sept furent abattues de sa main. A Debrezin, il en exécuta quatre-vingts. A Buda-Pest, plus de cinq cents, et ainsi dans les autres villes. Il étouffa dans le sang un soulèvement d'ouvriers à Eisenstætt, et plusieurs soulèvements de paysans. Ces derniers étaient l'objet d'une haine spéciale et souvent, quand Szamuely arrivait dans un village, il faisait pendre les cinq ou six premiers habitants qu'il rencontrait, non sans les avoir d'abord forcés à creuser leur tombe sous les yeux de leurs femmes et de leurs enfants. On n'a pas encore le chiffre exact des victimes, mais la *Sozialistische Correspondenz* de Berlin assure qu'il dépasse celui des victimes d'un an de guerre.

A ce relevé des attentats, il faudrait joindre celui des ruines morales et intellectuelles ; nous en dirons un mot plus loin.

Le régime communiste. On pourrait appeler ce que nous avons vu jusqu'ici le côté négatif de l'œuvre des bolchevistes en Hongrie. Et un rêveur communiste pourrait objecter que le principe du communisme n'est pas la cause de ces excès. Les vrais communistes ont toujours proclamé que leur système demandait une haute moralité, un désintéressement complet. Des désordres, tels que nous les avons signalés, iraient par conséquent directement à l'encontre du principe communiste.

Voyons donc le côté positif de l'œuvre des soviets. Car ils ont essayé de réaliser, jusque dans les détails, le principe communiste. Les résultats auxquels ils ont abouti dans l'ordre économique, intellectuel, moral et religieux nous montreront si les prévisions que tous les hommes de bon sens ont opposées, dès le commencement, à l'utopie communiste, ont été ou non dépassées.

L'agriculture. Et d'abord, la socialisation de l'agriculture. Les soviets commencèrent par exproprier tous les grands propriétaires. Pour gagner les petits, ils laissèrent en paix ceux qui avaient moins de cent *jougs*, même, ils proclamèrent l'immunité de leurs domaines ; bientôt, toutefois, ce privilège fut limité aux propriétés de cinquante jougs. Les grandes propriétés agraires de la Hongrie furent « communisées », c'est-à-dire que leur administration fut déférée à des commissaires. Ces commissaires travaillèrent si bien, pendant leur règne de trois mois, que la plupart des propriétés subirent une perte sèche de plusieurs milliers, voire de plusieurs millions de couronnes. Les machines agricoles « communisées », elles aussi, furent dispersées, détériorées, volées. Des régions entières furent laissées en friche. Les propriétaires chassés furent employés comme domestiques sur des terres étrangères. Les possesseurs des domaines au-dessous de cinquante jougs, qui avaient pu rester sur leurs terres, n'en furent pas moins ruinés, eux aussi, par les édits des administrateurs qui enlevaient les bestiaux, abrégeaient le temps de travail et abolissaient toute initiative. D'autre part, les ouvriers agricoles, se sentant forts, demandèrent des salaires de plus en plus élevés. On en a vu garder les porcs pour un traitement de 1 200 à 1 500 couronnes par mois. A tout cela il faut ajouter les cruautés de Szamuely et ses réquisitions continuelles qui exaspéraient les paysans et leur enlevaient toute envie de travailler. La situation étant telle, on comprendra que la population des campagnes se trouvât de jour en jour plus contre-révolutionnaire.

L'Industrie. Même succès dans l'industrie. On commença par proclamer la fin du capitalisme ; toutes les usines et fabriques devinrent la propriété des ouvriers. Il est intéressant de noter que nombre d'ingénieurs hongrois furent les premiers à se faire au nouveau système. Ils profitèrent de l'occasion pour essayer de réaliser leurs rêves. Les usines devinrent de vrais laboratoires où chacun mettait trop brusquement ses idées à l'épreuve. Les machines furent démontées, les fabriques réorganisées. Au lendemain de la Révolution, on trouva encore sur toutes les lignes de chemins de fer des trains entiers chargés de machines. Quand les ouvriers s'aperçurent de ces procédés, ils essayèrent de s'y opposer. Une scission profonde se fit entre ouvriers et ingénieurs, et ceux-ci ne pouvaient dès lors faire exécuter même leurs idées raisonnables, à cause de la résistance du personnel.

Dès avant la Révolution, l'administration des usines était passée aux mains des ouvriers. La Révolution du 21 mars ne fit que compléter l'opération en leur en donnant aussi la propriété. Il faut reconnaître que les ouvriers s'intéressèrent à leurs usines et, pendant les moments de pillage et de trouble, ils cons-

tituèrent des gardes armées pour les sauver. Mais cette défense
ne put empêcher la ruine complète de l'industrie. Cette ruine
avait une triple cause : le manque complet de discipline, l'augmentation fabuleuse des salaires et l'abolition du système des
accords. Tous les efforts tentés pour rétablir la discipline furent
vains. L'ouvrier savait trop que l'administration était à sa merci.
Aucun contremaître n'osait faire la moindre remarque de peur
de se voir congédier. Les salaires avaient plus que décuplé et
cependant la production baissa dans une mesure effrayante.
Ainsi, par exemple, dans une fabrique de wagons, le même
groupe d'ouvriers, qui, autrefois, sous le régime des accords,
achevait huit wagons par semaine, n'en faisait plus que quatre
ou que trois après l'abolition de ce système. La quantité de char-
bon extrait par un ouvrier tombait dans la même proportion
de huit à trois, pendant que les frais de production montaient
outre mesure.

L'industrie hongroise, déjà très prospère avant 1914, s'était
encore enrichie pendant la guerre. Elle est sortie ruinée de la
Révolution. Une des premières usines qui travaillaient en 1914
avec un capital d'exploitation de 65 millions a aujourd'hui 75
millions de dettes. La Société des tramways de Buda-Pest a
plus de 100 millions de dettes. Les petites usines en ont en
moyenne 12 ou 15 millions. Chaque firme a en général autant
de dettes qu'elle avait auparavant de capital.

Les finances. Les finances de l'État présentent un tableau peut-
être plus lamentable encore. Les frais d'administration sous ce régime, où tout était géré par les employés, montèrent
à des taux incroyables. On s'en fera une idée par le chiffre des
fonctionnaires. Le ministre de la guerre, M. Schmetz, a raconté
lui-même à l'auteur du livre allemand, qu'au lendemain de la
Révolution son premier acte avait été de congédier douze mille
employés. Quinze nouvelles sections complètement superflues
avaient été créées dans ce seul ministère. Il en était de même
pour les autres, comme nous aurons encore l'occasion de le voir.
Drainés par les frais de ce personnel, l'or et les anciens billets
bleus disparaissaient de plus entre les mains des meneurs ou
furent jetés à l'étranger avec une prodigalité inouïe, pour pro-
mouvoir la propagande bolcheviste. Il fallait fabriquer de nou-

veaux billets, mais les clichés et le papier étaient restés a Vienne.
Force fut donc de se servir du papier ordinaire et de recourir
aux imprimeries vulgaires. C'est l'origine du célèbre argent
blanc qui inonda bientôt le pays. Les faux monnayeurs eurent
beau jeu. Aujourd'hui cet argent est sans valeur. On se demande
comment la Hongrie pourra remettre de l'ordre dans de pareilles
finances.

L'ordre intellectuel. Passons à l'ordre intellectuel. Le ministère
des Cultes, qui jusqu'ici avait employé tout
au plus deux cents personnes compta bientôt un personnel de
de trois mille employés. La section du théâtre, à elle seule, récla-
mait cent soixante-deux personnes et dix-huit chevaux pour
une tâche à laquelle auparavant quatre personnes suffisaient.
La plupart de ces nouveaux employés étaient des jeunes gens
entre quinze et vingt-cinq ans. Les chefs de bureau avaient de
vingt à vingt-trois. Les conseillers étaient des gamins juifs de
quinze à dix-sept ans. Quantité de nouvelles sections furent
fondées, dont une grande partie ne furent connues qu'après le
renversement des soviets. Tout cela était l'œuvre des juifs qui
voulaient ainsi créer de nouveaux postes lucratifs pour les
membres de leurs familles.

A cette augmentation du nombre d'administrateurs ne répon-
dait, on le devine, aucun essor de la vie intellectuelle. Commen-
çons par l'école primaire. Tous les instituteurs devaient suivre
un cours de science communiste pendant quatre semaines avant
d'être rétablis dans leurs fonctions. Les écoliers ne leur devaient
d'autre titre que celui de « compagnon X... ». Chaque classe
choisissait des hommes de confiance qui formaient pour toute
l'école un soviet (conseil) chargé de surveiller l'enseignement
de l'instituteur. Tous les livres de religion et d'histoire furent
brûlés et remplacés par des livres communistes. En guise d'instruction religieuse, on enseigna la biologie, et les leçons por-
tèrent sur « l'hygiène sexuelle ». Dans les villes, ces leçons se
donnaient aux hôpitaux. Tous les enfants étaient obligés d'y
assister et les parents, qui auraient voulu s'y opposer, encou-
raient les peines les plus sévères. Le cinéma fut mis entièrement
au service de cette sorte d'instruction biologique. D'ailleurs.

les meneurs surveillaient de près cet enseignement par de fréquentes visites, et gare à l'instituteur dont les enfants ne pouvaient donner des réponses satisfaisantes aux questions posées.

L'Université n'eut pas un meilleur sort. Tous les anciens professeurs de philosophie furent congédiés et remplacés par des communistes juifs sans aucune compétence. Le titre de professeur fut changé contre celui de « compagnon instructeur ». Les Facultés de théologie et de droit furent supprimées. Tous les examens furent abolis sous le prétexte que le prolétariat n'avait pas besoin d'examens. Une guerre implacable fut déclarée aux livres dangereux pour le communisme. Toutes les librairies et même les étalages des bouquinistes furent fermés et les livres entassés pêle-mêle dans les hangars, ceux du moins qui échappèrent au feu.

L'activité intellectuelle fut, elle aussi, communisée. Pour chaque branche du savoir humain, on établit des registres, et ceux qui voulaient y travailler devaient s'y faire inscrire. Une commission décidait si tel ou tel livre proposé était utile. Elle déterminait le sens dans lequel il fallait l'écrire et fixait le nombre de pages et la rémunération, si toutefois elle donnait la permission de l'éditer.

L'art dut également se plier à ce régime. L'artiste devait se faire inscrire, soumettre ses plans ; il était payé à la journée. Mieux : on payait certains artistes de renom à condition qu'ils ne peindraient plus.

L'éducation morale. Nous avons vu ce qui concerne l'éducation morale des enfants. Reste à dire un mot de la famille. Voici la législation soviétiste pour la réforme du mariage. Ne pouvaient contracter de mariage public : les femmes en dessous de quatorze ans, les hommes en dessous de seize ans, parents en ligne directe et frère et sœurs. Mais le gamin de seize ans et la jeune fille de quatorze ans n'ont plus besoin du consentement de leurs parents. Ils n'ont qu'à se présenter, munis de leur extrait de naissance, à n'importe quel « bureau matricule », et se faire inscrire. Ce mariage pouvait être dissous dès le lendemain. L'un des deux conjoints n'avait qu'à aller trouver le même employé, ou un autre, et déclarer qu'il voulait re venir libre. A l'employé de décider lequel des deux pourra rester dans la maison habitée jusque-là en commun et lequel devra s'en aller. Et cette décision était sans appel. Les enfants des familles ainsi dissoutes étaient attribués à un orphelinat de l'État. Aux idiots, aux tuberculeux, aux fous, le mariage était permis, avec stérilité obligatoire. Impossible de dire combien de désordres, combien de malheurs et de ruines de familles furent la conséquence immédiate de cette législation.

La religion. On devine quelle put être la conduite d'un pareil gouvernement à l'égard de la religion catholique. Le premier décret en la matière fut la suspension de tout service religieux, la défense de tout culte public. Les biens de l'Église furent déclarés biens d'État. Les couvents eurent à se disperser dans les vingt-quatre heures, ou à signer un acte d'adhésion au gouvernement des soviets. Malgré les protestations unanimes des médecins, les religieuses furent chassées des hôpitaux. Dès les premiers jours, ce fut la persécution générale de tout ce qui touchait la religion, comme aux plus terribles jours de la Révolution française. Prêtres et religieuses furent poursuivis, frappés, tués dans les rues ; les églises profanées, les cérémonies sacrées parodiées par des juifs revêtus des ornements sacerdotaux. Nombreux furent les martyrs et les confesseurs de la foi. Il est impossible de donner le chiffre définitif. On connaît plus de douze prêtres fusillés ; d'autres furent crucifiés, deux autres liés ensemble et condamnés à mourir de faim ; vingt à trente autres, enfin, tués de différentes manières. A la tête des massacreurs, on vit, comme toujours, un clerc défroqué, Oscar Faber. Ces violences ouvertes, cependant, ne durèrent pas longtemps. Les protestations du peuple, des ouvriers mêmes, devinrent de plus en plus fortes et menaçantes, de sorte que les soviets jugèrent prudent de s'arrêter. A la suite de plusieurs profanations d'églises et surtout de l'incident d'Ofen, où la garde rouge avait fait des victimes dans une procession et piétiné le saint Sacrement, l'indignation générale fut telle que le gouvernement se vit forcé de révoquer la première loi et de promulguer la reprise du culte public. Il exigea, en retour, que les curés fissent, deux dimanches consécutifs, l'éloge de la générosité des soviets. Mais les meneurs, forcés de respecter la foi du peuple, ne renoncèrent pas à leur haine. Ils espionnaient les prêtres jusque dans les confessionnaux pour leur faire des procès sous les plus légers prétextes. La moindre critique suffisait pour mériter la mort, et il y eut continuellement des victimes. Ainsi, un vieux prêtre, qui avait osé dire dans son sermon que le communisme était contre les dix commandements, fut immédiatement saisi et pendu au milieu de ses fidèles.

Le peuple, lui aussi, s'est montré admirable. La Révolution hongroise aura, comme toujours, ajouté une nouvelle page glorieuse aux fastes de l'Église. Les femmes surtout ont fait preuve de courage. On connaît la réponse magnifique d'une jeune fille à Oscar Faber lui-même. Le terrible apostat visitait une école pour contrôler l'enseignement. Il interrogea la jeune fille sur l'histoire. Les réponses le mirent en fureur. « Sais-tu, compagne, qu'après ces paroles, j'ai le droit de te pendre ? — Je le sais, répondit la courageuse enfant, mais je ne te crains pas ; si tu me pends, je prierai encore au ciel pour ta conversion ! » L'ancien clerc pâlit et se retira, balbutiant qu'il n'avait jamais rencontré pareil courage chez un homme.

« La religion sera l'écueil où le communisme se brisera », avait prédit un des meneurs communistes ; il ne s'est pas trompé. A elle seule, les soviets ont dû faire continuellement des concessions, et elle était l'agent le plus fort de la résistance. La Révolution terminée, des juifs demeurés honnêtes, demandèrent en masse le baptême, plus de trois mille dans la seule ville de Buda-Pest. Quoi qu'on puisse dire de ces conversions, dont plus d'une paraît inspirée par des motifs intéressés, il reste que, là encore, se trouva vérifiée la parole de Tertullien : « Semen christianorum sanguis martyrum. »

La fin du bolchevisme. Nous voudrions donner quelques détails sur la fin du régime des soviets, mais l'auteur allemand ne nous en fournit pas. Tout ce qu'il laisse deviner, c'est que la Révolution devint de plus en plus impopulaire et que tout le monde pressentait qu'elle ne pouvait durer. Le pays paraissait attendre la première bonne occasion pour

secouer le cauchemar terrible qui l'opprimait. Cette occasion fut
donnée, le 1er août, par l'apparition des troupes roumaines sur
le territoire hongrois. Les meneurs jugèrent le moment venu
de fuir en emportant le plus possible de leur butin, non sans
avoir mis en sûreté des fonds à l'étranger. Quelques-uns furent
saisis dans leur fuite, comme Szamuely qui, sachant ce qui
l'attendait, mit fin à ses jours par un coup de revolver. Mais la
plupart réussirent à s'échapper. Et, chose étonnante, l'Autriche
socialiste leur donne hospitalité. Bela-Kun et sa suite, internés
dans le château « Heidlmühle », y jouissent d'une existence
tranquille et dépensent en paix les millions emportés, parlant
de leur passé comme d'une brillante aventure.

TABLE DES MATIÈRES

	Pages
Les fourriers du bolchevisme	2
Les meneurs.	2
L'œuvre de destruction	4
Les dénonciations et les exécutions	5
Le régime communiste	7
L'agriculture	7
L'industrie	8
Les finances	9
L'ordre intellectuel	10
L'éducation morale	11
La religion	12
La fin du Bolchevisme	13

Verneuil (Eure). — Imp. Henri Turgis

LE SYNDICALISME

Son origine — Son organisation — Son rôle social

par O. JEAN

(Commandant Jean OURSEL, Chef de Bataillon du Génie)

Tué à l'ennemi le 17 août 1916

Un volume in-12 : 1 fr. 75 franco

(44ᵉ mille)

Édition nouvelle, remise à jour

Les Corporations au moyen-âge; La loi Chapelier (1791). Ses conséquences.	Le Syndicat et les Coopératives de production et de consommation.
La loi de 1884 et ses améliorations possibles.	Le Syndicat et la vie professionnelle de l'ouvrière.
La législation sociale.	
Le Syndicat, organe de pacification et d'organisation.	Le Syndicat et la Mutualité.
	L'esprit syndical.

LA PAIX SOCIALE

par l'Organisation chrétienne du travail

Lettre pastorale de S. G. Mgr GERMAIN, Archevêque de Toulouse

(13ᵉ mille)

Édition adaptée au travail des Cercles d'Études

1. — L'Intervention de l'Eglise.	4. — Syndicat patronal, ouvrier.
2. — Les Principes de la Paix sociale.	5. — La Commission mixte.
3. — L'Organisation professionnelle.	6. — Le Contrat collectif.
	7. — Les Syndicats féminins.

Prix : 0 fr. 50; franco : 0 fr. 60

Petit Manuel d'Education syndicale

par Questions et Réponses

3ᵉ ÉDITION

I. — L'organisation corporative.	V. — Les devoirs.
II. — Le contrat de travail.	VI. — L'activité syndicale.
III. — La grève.	VII. — Réponse à quelques difficultés.
IV. — Syndicats et syndicats.	

1,50 franco.